Pokémon™

La série Soleil et Lune

Rencontre avec Brindibou

hachette
JEUNESSE

Sacha s'est fait de nouveaux amis à l'École Pokémon de l'Île de Mele-Mele : Barbara, Lilie, Néphie, Kiawe et Chrys. Aujourd'hui, ils accompagnent le Dresseur dans la forêt pour qu'il capture son premier Pokémon sauvage de la région d'Alola. Sacha peut aussi compter sur l'aide de sa fabuleuse encyclopédie Pokémon : Motisma-Dex !

– Voici Larvibule, un Pokémon Larve de type Insecte, annonce Motisma-Dex alors que Sacha engage le combat.

Larvibule utilise son attaque Sécrétion. Mais Pikachu esquive les fils de soie et réplique avec Tonnerre. Larvibule s'effondre, épuisé.

– Jette une Poké Ball pour l'attraper, Sacha ! conseille Motisma-Dex.

Sacha regarde le rayon tracteur emporter Larvibule à l'intérieur de la Poké Ball. Il espère vraiment capturer son premier Pokémon d'Alola !

Soudain, la Poké Ball s'agite sur le sol… et le Pokémon Larve en surgit, puis disparaît dans un souterrain ! Il s'est échappé, mais Sacha n'abandonne pas la partie pour autant…

– Pikachu, envoie Vive-Attaque dès que Larvibule sortira de son tunnel, ordonne-t-il.

Le Pokémon Souris se tient prêt. Hélas, l'adversaire est rusé... Il s'éloigne en creusant rapidement et réapparaît aussitôt à l'air libre, à l'autre bout de la clairière. Profitant de l'effet de surprise, il saisit Pikachu entre ses fils de soie, puis il l'assomme d'un terrible coup de pinces.

Sacha, désolé, se précipite pour ramasser son fidèle compagnon.

– Dégâts confirmés ! Pikachu a besoin de soin ! s'exclame Motisma-Dex.

Barbara propose de conduire Sacha et son Pokémon au Centre Pokémon le plus proche. Pikachu y sera ausculté et remis sur pattes en moins de deux !

Pendant ce temps, de l'autre côté de la forêt, les bandits de la Team Rocket sont retenus prisonniers par Chelours, un Pokémon Biscoteaux. Pour s'enfuir, Jessie a un plan : capturer Mimiqui, un Pokémon Fantômasque, qui pourra affronter Chelours. Sans hésiter, elle chipe une Luxe Ball à James… et attrape enfin le Pokémon !

James est catastrophé.

– Oh non, Jessie ! Tu as volé ma belle Luxe Ball de collection ! gémit-il.

Sa complice hausse les épaules d'un air moqueur, et s'empare de la Luxe Ball qui contient maintenant Mimiqui. Tout à coup, Chelours bondit devant eux. L'impressionnant Pokémon Biscoteaux apporte quelque chose à ses prisonniers…

- Miam, du nectar de miel ! se réjouit Miaouss, le seul Pokémon capable de parler.

À côté de lui, Qulbutoké mange avec appétit. Quant à James et à Jessie, ils se régalent aussi de ce délice prisé des Pokémon. En quelques bouchées à peine, les voici tous réconfortés !

Non loin de la grotte de Chelours, Sacha et Barbara rejoignent enfin le Centre Pokémon.

– Pas de panique, je vais soigner Pikachu, affirme la gentille Infirmière Joëlle.

À ces mots, Leuphorie, un Pokémon Bonheur de type Normal, vient chercher Pikachu pour l'emmener en salle d'examen. L'assistant de l'Infirmière Joëlle a le don de capter toutes les émotions !

Soudain, un Pokémon multicolore traverse la pièce en volant. Sacha est époustouflé ! Motisma-Dex récite :

– Voici Guérilande, le Pokémon Tressefleur de type Fée. Les fleurs de sa liane ont le pouvoir d'apaiser et de guérir.

Sacha est enchanté. Tout cela est parfait pour aider Pikachu !

Quelques instants plus tard, Pikachu est guéri.

– Youpi ! s'écrie Sacha en venant le récupérer au Centre Pokémon. On va pouvoir retourner capturer mon premier Pokémon sauvage d'Alola !

Le lendemain, au petit déjeuner, Croquine, le joli Pokémon Fruit de Barbara, libère son doux parfum de friandise… Mais cette odeur attire aussitôt un gourmand Pokémon volant !

Sacha le contemple, émerveillé. Il adorerait avoir ce Pokémon dans son équipe !

– Voici Brindibou, un Pokémon Plumefeuille de double type Plante et Vol, présente Motisma-Dex.

Heureusement, Croquine sait se défendre. Pas question de se laisser manger par Brindibou !

Sacha tente d'amadouer Brindibou. Il lui offre quelques fruits, puis il brandit une Poké Ball vide devant lui.

- J'aimerais te capturer, dit le Dresseur. Si tu es d'accord, tu pourrais rejoindre mon équipe ?

Mais Brindibou n'écoute pas. Il bondit soudain dans la corbeille de fruits, et chipe une pastèque bien mûre entre ses serres avant de s'envoler en direction des bois !

Au même instant, les bandits de la Team Rocket profitent d'une absence de Chelours pour s'évader de sa grotte. Mais alors qu'ils s'en vont, une volée de Picassaut emporte toute la nourriture du Pokémon Biscoteaux.

– Chelours nous a offert du nectar de miel, nous devons récupérer ses fruits ! s'écrie Jessie.

Sans hésiter, la Team Rocket s'élance à la poursuite des Picassaut. Ceux-ci regagnent leur grand arbre. Ils apportent des baies aux petits qui se trouvent encore au nid, sous la surveillance de Bazoucan et de Piclairon. Brindibou arrive lui aussi avec un beau fruit juteux pour les petits. Sacha et Barbara le suivent de près.

– Fantastique ! s'exclame le Dresseur en découvrant les amis de Brindibou.

– Sacha, je te présente Picassaut, un Pokémon Pivert, explique Motisma-Dex. Il y a également Piclairon, un Pokémon Bec Clairon, qui est l'évolution de Picassaut. Sans oublier Bazoucan, un Pokémon Canon, évolution de Piclairon. Tous sont de double type Normal et Vol.

Quand il aperçoit Sacha, Brindibou quitte le nid et vient se lover dans le sac à dos du Dresseur.

– Eh bien, quelle surprise ! dit celui-ci, ravi.

Tout à coup, d'énormes filets s'abattent sur les Pokémon de type Normal et Vol, dans l'arbre. Ce sont les bandits de la Team Rocket qui viennent les capturer !

- Libérez Picassaut, Piclairon et Bazoucan immédiatement ! ordonne Sacha, furieux.

Mais les bandits éclatent de rire.

- Tes copains ont pillé les réserves de Chelours, rétorque James. Nous venons les récupérer !

- Et nous allons en profiter pour attraper Pikachu ! ajoute Jessie.

Sur ces mots, Jessie jette sa Luxe Ball et déclare :

– À toi de jouer, Mimiqui ! Utilise Ball'Ombre !

Tandis que Pikachu riposte avec Boule Élek, suivie de Queue de Fer, Brindibou s'envole jusqu'au nid délivrer les Picassaut, qui s'éloignent à tire d'aile. Les membres de la Team Rocket trépignent de colère.

– Mimiqui, dépêche-toi d'en finir avec ce combat ! commande Jessie.

Aussitôt, le Pokémon Fantômasque charge Pikachu. Il utilise Câlinerie, et enchaîne avec Griffe Ombre. Mais Brindibou détourne son attention avec une attaque Feuillage. Pikachu lance alors Tonnerre sur Mimiqui, pendant que Brindibou libère Piclairon et Bazoucan. Les bandits pensent avoir déjà gagné le combat, quand Chelours surgit des fourrés et les emporte !

Tout à coup, il entend du bruit derrière lui : Piclairon, Bazoucan et les Picassaut acclament Brindibou ! Le bonheur et la fierté du Pokémon Plumefeuille font plaisir à voir. Grâce à lui, tout le monde est sain et sauf. Sacha le félicite :

– Bravo, Brindibou, tu as bien combattu. J'espère qu'on se reverra...

– Tu renonces à tenter d'attraper Brindibou ? s'étonne Motisma-Dex.

Sacha montre le nid des Picassaut, avec Piclairon et Bazoucan : le mignon Pokémon Plumefeuille se tient gaiement parmi eux.

– Regarde-les ! Je n'aurai jamais le cœur de les séparer ! souffle le Dresseur.

Sacha se remet en chemin en compagnie de Barbara, de Motisma-Dex, de Pikachu et de Croquine... Mais quelques secondes plus tard, Brindibou les rejoint ! Il se perche sur l'épaule du garçon.

– As-tu envie de rester avec moi ? interroge celui-ci, plein d'espoir.

Comme pour répondre, le Pokémon virevolte autour du Dresseur, tandis que les Picassaut, Piclairon et Bazoucan l'encouragent en piaillant.

Sacha a du mal à y croire.

– Tu tiens donc vraiment à entrer dans mon équipe ? Super !

Et vite, il capture Brindibou dans une Poké Ball. Mais le mignon Pokémon en ressort aussitôt ! Il préfère s'installer dans le sac à dos du Dresseur. Sacha reprend alors sa route, impatient de livrer un combat aux côtés de son nouveau compagnon !